I0394158

DIESES BUCH GEHÖRT:

www.ingramcontent.com/pod-product-compliance
Lightning Source LLC
Chambersburg PA
CBHW021839170526
45157CB00007B/2856
* 9 7 8 1 0 7 4 7 3 6 1 8 7 *